Verbinde

Bus

Öl

Ufo

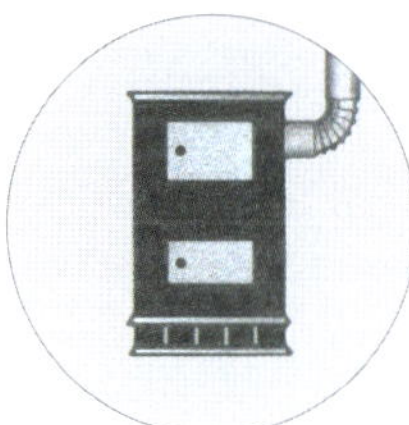

Ofen

Opa

Wal

Oma

2 Verbinde

Rad

Löwe

Rabe

Rose

Lupe

Dose

Dino

Verbinde

Tee

Kuh

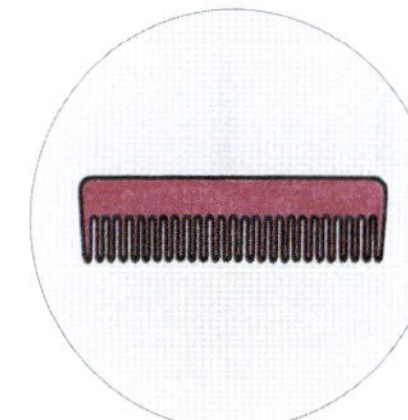

Kamm

Baum

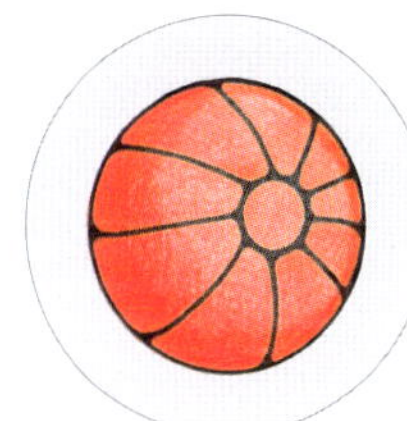

Ball

Tube

Bett

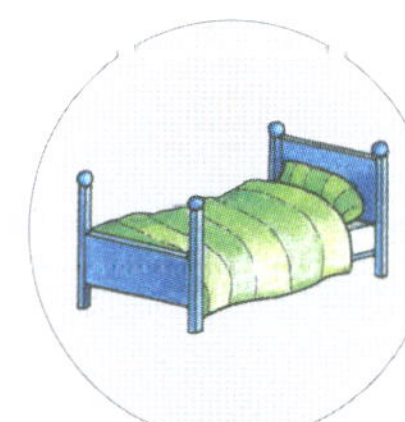

4 Male

Ufo	Bus	Limo
Igel	Dose	Hose

Kreuze an

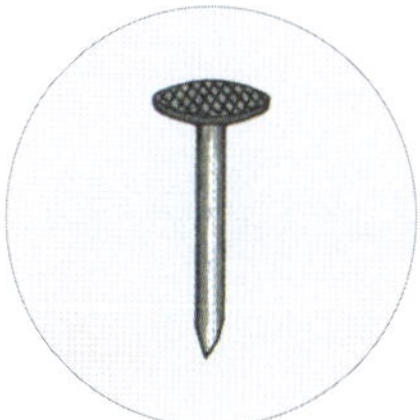

☐ Nase

☐ Name

☐ Nagel

☐ Hose

☐ Hase

☐ Haus

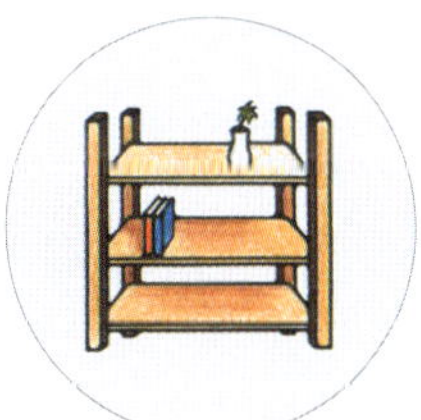

☐ Regel

☐ Regal

☐ Regen

☐ Paket

☐ Pause

☐ Palme

6

Kreuze an

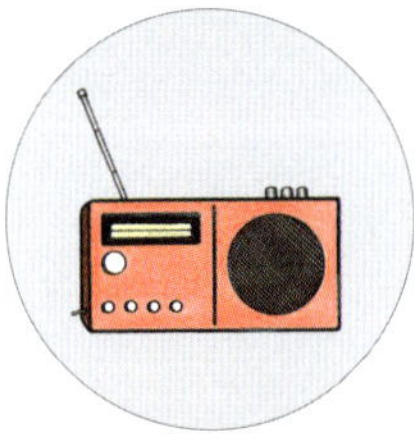

☐ Radio

☐ Rasen

☐ Raupe

☐ Tafel

☐ Tasse

☐ Taube

☐ Kamm

☐ Kamel

☐ Kanne

☐ Schal

☐ Schaf

☐ Schale

Kreuze an

☐ Maul

☐ Maus

☐ Mauer

☐ Kino

☐ König

☐ Königin

☐ Tisch

☐ Tasse

☐ Tasche

☐ Sofa

☐ Sonne

☐ Sommer

8

Male

Maus	Haus	Baum
Ball	Affe	Jo-Jo

Verbinde

Schule

Schere

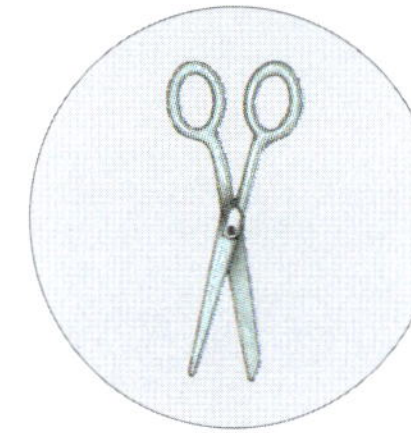

Schuh

Schal

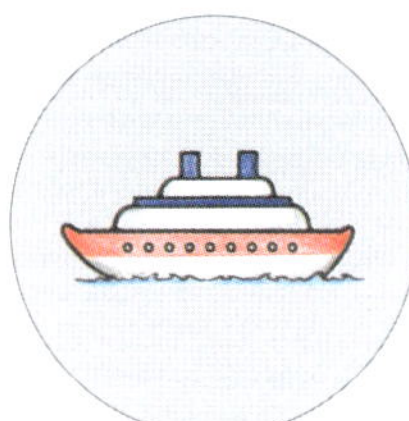

Schaf

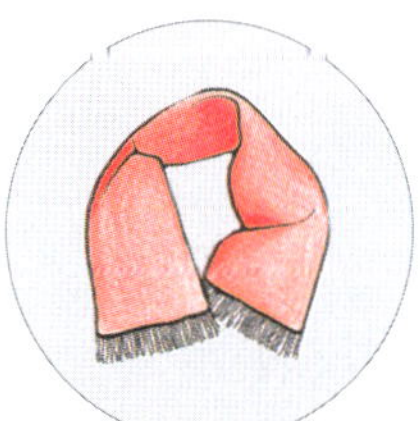

Schiff

Schloss

Kreuze an

☐ Esel

☐ Ente

☐ Ende

☐ Zehe

☐ Zehn

☐ Zahn

☐ Welle

☐ Wolle

☐ Wolke

☐ Tor

☐ Tür

☐ Turm

Male

Regen	Sonne	Palme
Fisch	Tisch	Pizza

Kreuze an

    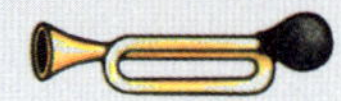 

Fotos ☐ ja ☐ nein	Lama ☐ ja ☐ nein	Hase ☐ ja ☐ nein
Feder ☐ ja ☐ nein	Limo ☐ ja ☐ nein	Hut ☐ ja ☐ nein
Lok ☐ ja ☐ nein	Hose ☐ ja ☐ nein	Hupe ☐ ja ☐ nein

Kreuze an

 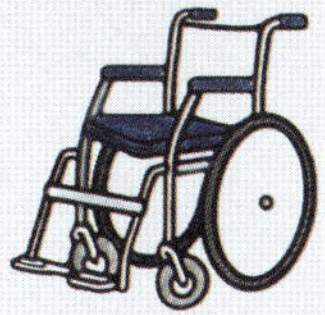 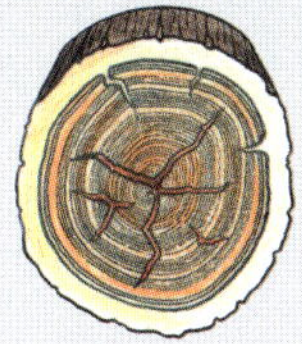   

Haus ☐ ja ☐ nein	Pizza ☐ ja ☐ nein	Holz ☐ ja ☐ nein
Tisch ☐ ja ☐ nein	Müll ☐ ja ☐ nein	Zaun ☐ ja ☐ nein
Pirat ☐ ja ☐ nein	Nase ☐ ja ☐ nein	Uhr ☐ ja ☐ nein

Male

Paket	Gabel	König
Radio	Lampe	Wolke

Kreuze an

   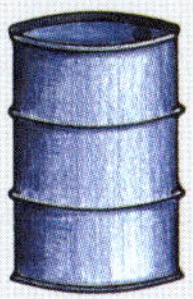  

Schiff ☐ ja ☐ nein	Salat ☐ ja ☐ nein	Hund ☐ ja ☐ nein
Ananas ☐ ja ☐ nein	Monat ☐ ja ☐ nein	Bett ☐ ja ☐ nein
Mond ☐ ja ☐ nein	Tonne ☐ ja ☐ nein	Wagen ☐ ja ☐ nein

16

Kreuze an

     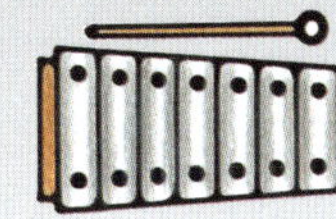

Insel ☐ ja ☐ nein	Banane ☐ ja ☐ nein	Roller ☐ ja ☐ nein
Melone ☐ ja ☐ nein	Tiger ☐ ja ☐ nein	Frau ☐ ja ☐ nein
Schirm ☐ ja ☐ nein	Post ☐ ja ☐ nein	Kamel ☐ ja ☐ nein

Kreuze an

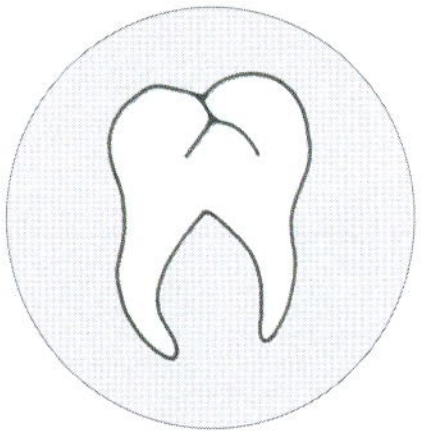

☐ ein Zaun

☐ ein Zahn

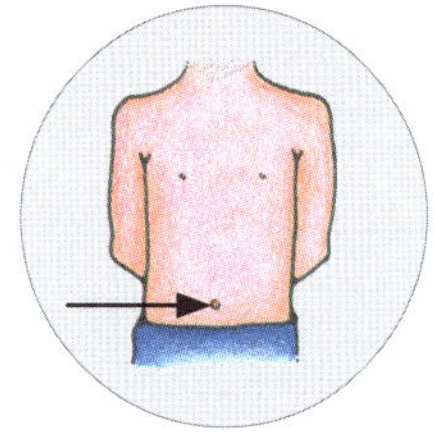

☐ ein Nabel

☐ ein Nagel

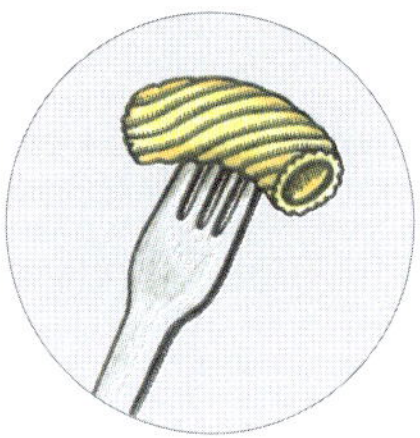

☐ eine Nadel

☐ eine Nudel

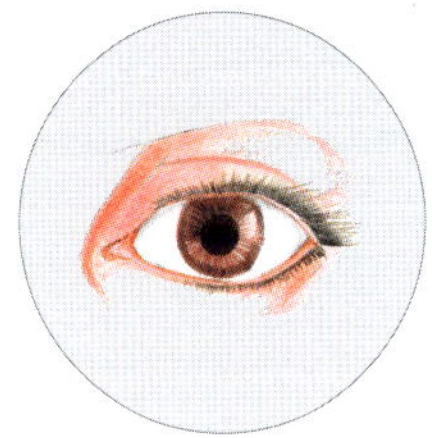

☐ ein Auge

☐ ein Auto

☐ ein Hut

☐ eine Henne

☐ eine Tonne

☐ eine Tanne

Kreuze an

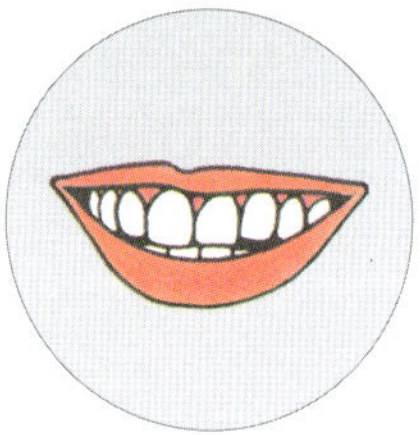

☐ ein Mond

☐ ein Mund

☐ eine Puppe

☐ eine Pumpe

☐ eine Welle

☐ eine Weile

☐ eine Hand

☐ ein Hund

☐ eine Hose

☐ ein Hase

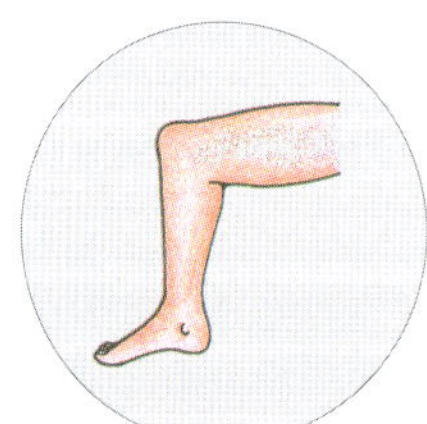

☐ ein Beil

☐ ein Bein

Kreuze an

die Amsel ☐ ja ☐ nein	die Ratte ☐ ja ☐ nein	das Zebra ☐ ja ☐ nein
der Pudel ☐ ja ☐ nein	die Maus ☐ ja ☐ nein	die Ameise ☐ ja ☐ nein
die Raupe ☐ ja ☐ nein	die Muschel ☐ ja ☐ nein	der Panda ☐ ja ☐ nein

20 Kreuze an

    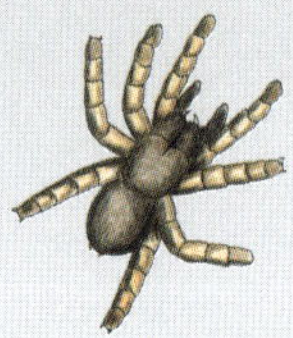 

die Taube ☐ ja ☐ nein	die Giraffe ☐ ja ☐ nein	die Spinne ☐ ja ☐ nein
der Hase ☐ ja ☐ nein	der Fisch ☐ ja ☐ nein	der Hund ☐ ja ☐ nein
die Eule ☐ ja ☐ nein	der Frosch ☐ ja ☐ nein	der Hahn ☐ ja ☐ nein

Male

ein Eis	fünf Eier	zwei Besen
neun Nadeln	drei Sonnen	sieben Zahlen

Verbinde

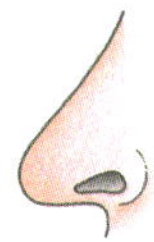	Na	be
	Blu	se
	Tu	me
	En	ge
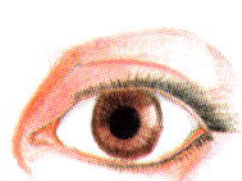	Au	te

	Bie	ge
	Gei	pe
	Lam	ne
	Ki	no
	Di	wi

Verbinde

 Lei		be
 Tau		ter
 Au		lat
 Ha		to
 Sa		ken

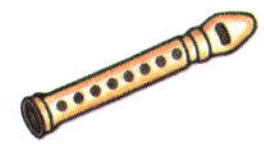 Flö		sel
 Pin		gel
 Kö		te
 Spie		nig
 Del		fin

Kreuze an

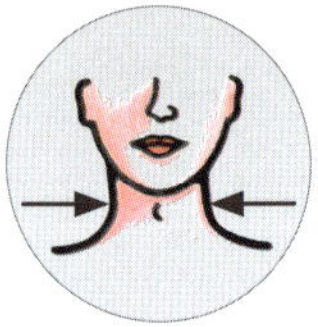

☐ Das ist ein Haus.

☐ Das ist ein Hals.

☐ Das ist eine Tür.

☐ Das ist ein Tor.

☐ Das ist ein Eis.

☐ Das ist ein Einser.

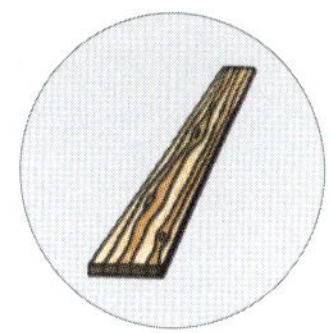

☐ Das ist ein Brett.

☐ Das ist ein Bett.

☐ Das ist ein Herd.

☐ Das ist ein Herz.

☐ Das ist ein Stern.

☐ Das ist ein Stein.

Kreuze an

☐ Das ist ein Euter.

☐ Das ist ein Euro.

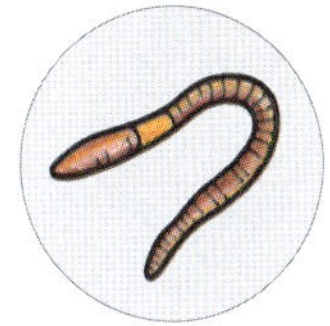

☐ Das ist eine Wurst.

☐ Das ist ein Wurm.

☐ Das ist eine Ampel.

☐ Das ist eine Amsel.

☐ Das ist eine Zange.

☐ Das ist eine Zunge.

☐ Das ist ein Riese.

☐ Das ist eine Rose.

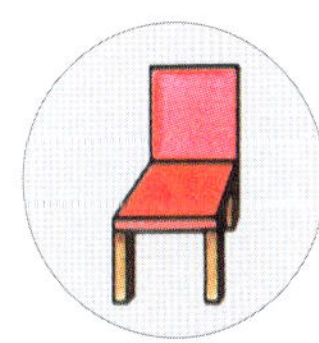

☐ Das ist ein Sessel.

☐ Das ist ein Sattel.

Kreuze an

    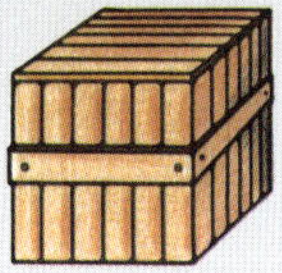 

der Polster ☐ ja ☐ nein	der Juli ☐ ja ☐ nein	der Koch ☐ ja ☐ nein
das Kino ☐ ja ☐ nein	die Kiste ☐ ja ☐ nein	der Baum ☐ ja ☐ nein
die Bank ☐ ja ☐ nein	das Jo-Jo ☐ ja ☐ nein	die Banane ☐ ja ☐ nein

Kreuze an

    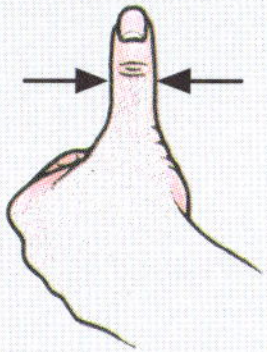 

der Daumen ☐ ja ☐ nein	das Tor ☐ ja ☐ nein	der Krake ☐ ja ☐ nein
der Juni ☐ ja ☐ nein	der Kran ☐ ja ☐ nein	der Bub ☐ ja ☐ nein
die Schlange ☐ ja ☐ nein	der Stein ☐ ja ☐ nein	der Stern ☐ ja ☐ nein

Male

ein gelbes Auto	ein roter Ball	eine graue Wolke
ein lila Seil	ein blaues Hemd	eine bunte Hose

Verbinde

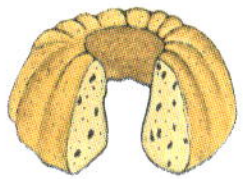	Ku	chen
	Kro	we
	Lö	ne
	Stem	se
	Kä	pel

	Vo	ball
	Fuß	gel
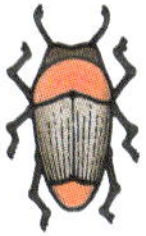	Kä	chen
	Mäd	fer
	Äs	te

Kreuze an

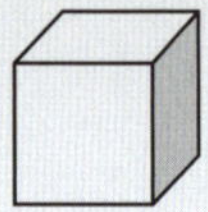

- ☐ Kreis
- ☐ Würfel
- ☐ Herz

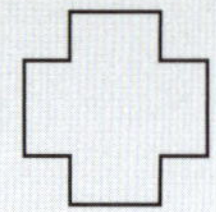

- ☐ Punkt
- ☐ Kreis
- ☐ Kreuz

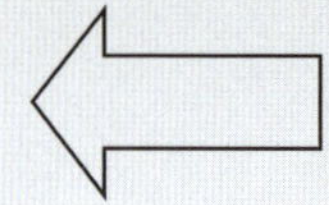

- ☐ oben
- ☐ links
- ☐ rechts

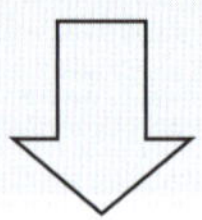

- ☐ unten
- ☐ oben
- ☐ links

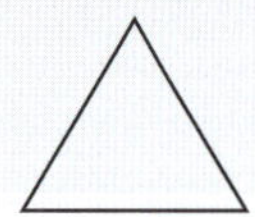

- ☐ Kreuz
- ☐ Dreieck
- ☐ Viereck

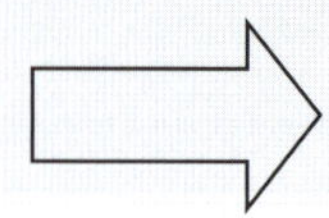

- ☐ links
- ☐ unten
- ☐ rechts

Kreuze an

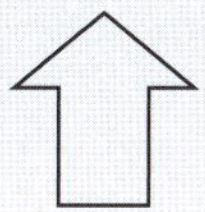	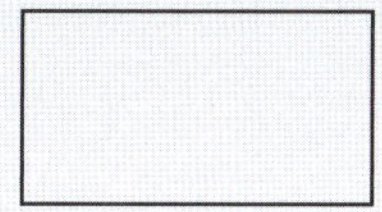	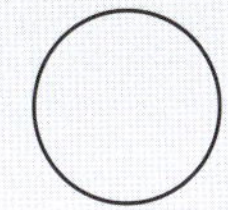
☐ oben ☐ links ☐ unten	☐ Dreieck ☐ Viereck ☐ Kreis	☐ Viereck ☐ Kreis ☐ Würfel

☐ Herz ☐ Linie ☐ Punkt	☐ Linie ☐ Punkt ☐ Dreieck	☐ Kreuz ☐ Würfel ☐ Herz

Male

drei rote Stifte	viele blaue Punkte	ein großer Käfer
eine schöne Feder	zwei kleine Zwerge	vier gelbe Bananen

Kreuze an

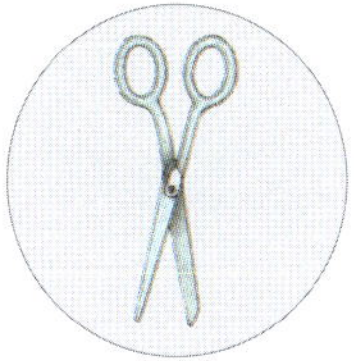

☐ eine dünne Scheibe

☐ eine scharfe Schere

☐ ein kleiner Scherben

☐ eine Tonne Teig

☐ eine tolle Tasche

☐ eine Tasse Tee

☐ ein altes Haus

☐ eine raue Haut

☐ eine grüne Hose

☐ ein großer Topf

☐ ein langer Zopf

☐ ein kleiner Kopf

Kreuze an

- ☐ Leo läuft im Regen.
- ☐ Leo hält das Ruder.
- ☐ Leo löscht die Tafel.

- ☐ Susi malt ein Bild.
- ☐ Susi spielt Fußball.
- ☐ Susi hat zwei Zöpfe.

- ☐ Die Dose ist offen.
- ☐ Der Dino ist groß.
- ☐ Die Dusche ist alt.

- ☐ Die Flasche ist voll.
- ☐ Die Flamme ist aus.
- ☐ Die Flasche ist leer.

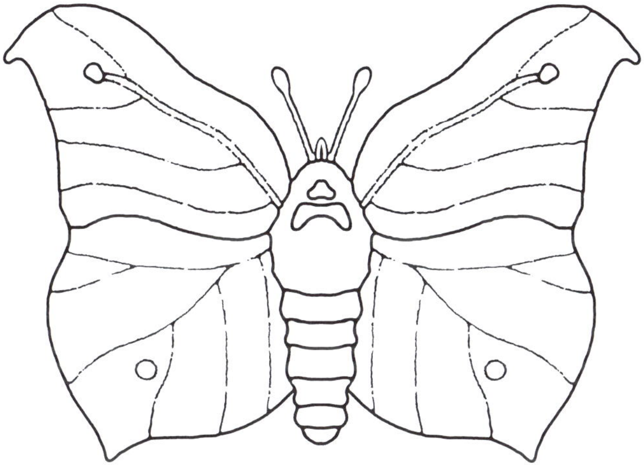

Male den Schmetterling bunt.

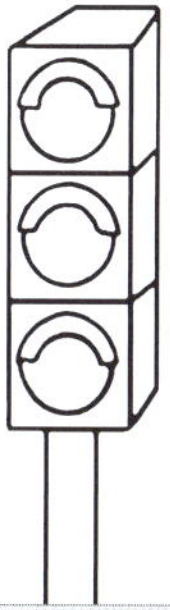

Die Ampel zeigt Grün.

Die rote Kerze brennt.

Kreuze an

Maria ist ein Name.

☐ richtig ☐ falsch

Eulen jagen Mäuse.

☐ richtig ☐ falsch

Delfine können malen.

☐ richtig ☐ falsch

Brot wird gebacken.

☐ richtig ☐ falsch

Hasen haben zwei Nasen.

☐ richtig ☐ falsch

Wir leben auf der Erde.

☐ richtig ☐ falsch

Eine Pizza ist aus Gummi.

☐ richtig ☐ falsch

Fische haben Beine.

☐ richtig ☐ falsch

Spinat ist lila.

☐ richtig ☐ falsch

Raben können fliegen.

☐ richtig ☐ falsch

Kreuze an

Tauben schreiben Briefe. ☐ richtig ☐ falsch	Lehrer können fliegen. ☐ richtig ☐ falsch
Viele Kinder mögen Eis. ☐ richtig ☐ falsch	Haare sind aus Eisen. ☐ richtig ☐ falsch
Fliegen können fliegen. ☐ richtig ☐ falsch	Rot ist eine Farbe. ☐ richtig ☐ falsch
Igel haben grüne Ohren. ☐ richtig ☐ falsch	Hunde haben ein Fell. ☐ richtig ☐ falsch
Fische tragen Schuhe. ☐ richtig ☐ falsch	Ein Rad ist rund. ☐ richtig ☐ falsch

Lies und male

☐ Das ist der Dino Fino.

☐ Fino ist ein gelber Dino.

☐ Er hat rote Punkte.

☐ Er trägt einen Hut.

☐ Fino steht auf einer Wiese.

- ☐ Eine Palme!
- ☐ Sie steht auf einer Insel.
- ☐ Male den Stamm braun.
- ☐ Die Blätter sind grün.
- ☐ Da fliegen zwei Vögel!
- ☐ Male das Meer.

Kreuze an

Fische haben

☐ Ferien. ☐ Federn. ☐ Flossen.

Der Bub schreibt in ein

☐ Kino. ☐ Brot. ☐ Heft.

Raben haben

☐ Flügel. ☐ Schuhe. ☐ Urlaub.

Der Ring ist aus

☐ Mehl. ☐ Wasser. ☐ Gold.

Das Feuer

☐ badet. ☐ brütet. ☐ brennt.

Wir bezahlen mit

☐ Geld. ☐ Wolle. ☐ Luft.

Wir riechen mit der

☐ Zunge. ☐ Nase. ☐ Stirn.

Die Kinder singen ein

☐ Bild. ☐ Lied. ☐ Haus.

Was ist ein Dackel? ☐ ein Hut ☐ ein Haus ☐ ein Hund

Kreuze an und male

Fische fahren Roller.

☐ ja ☐ nein

Fische können schwimmen.

☐ ja ☐ nein

Fische malen Bilder.

☐ ja ☐ nein

Fische können lesen.

☐ ja ☐ nein

Fische leben im Wasser.

☐ ja ☐ nein

☐ Der Fisch hat Schuppen.

☐ Er ist rot.

☐ Da ist ein Seestern!

☐ Male das Wasser.

Lies und male

- ☐ Da steht ein Reh!
- ☐ Es ist hellbraun.
- ☐ Es steht auf einer Wiese.
- ☐ Viele Blumen blühen.
- ☐ Bunte Vögel fliegen herum.
- ☐ Ein Schmetterling!
- ☐ Die Sonne scheint.
- ☐ Der Himmel ist blau.

Verbinde und male

Die Maus	ist winzig.
Die Laus	mag Käse.
Das Haus	hat ein Dach.
Klaus	ist ein Vogel.
Der Strauß	ist ein Bub.

Male eine bunte Schlange.

- schwarz →
- rot →
- gelb →
- grün →
- weiß →
- blau →
- braun →

Verbinde und male

Gelb ist eine	Blume.
Die Rose ist eine	Zahl.
Janina ist ein	Farbe.
Elf ist eine	Getränk.
Der Löwe ist ein	Name.
Saft ist ein	Land.
Die Türkei ist ein	Tier.

Male
Beine an den Hund.

Male
Zähne in den Mund.

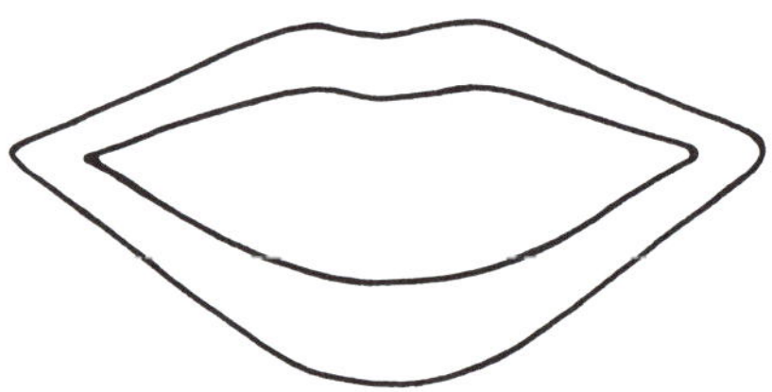

Verbinde und male

Es regnet aus grauen	Schnee.
Das Buch hat viele	Vögel.
Auf den Bergen liegt	Wolken.
In dem Nest piepsen	Seiten.
Auf dem Meer fahren	Filme.
In einem Kino laufen	Bäume.
In einem Wald stehen	Schiffe.

Male
den Fußball rund.

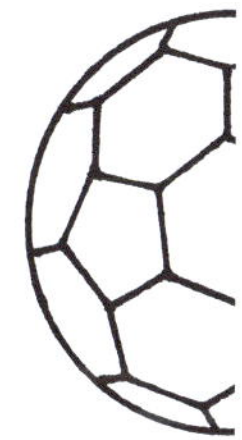

Male
das Auto bunt.

Lies und male

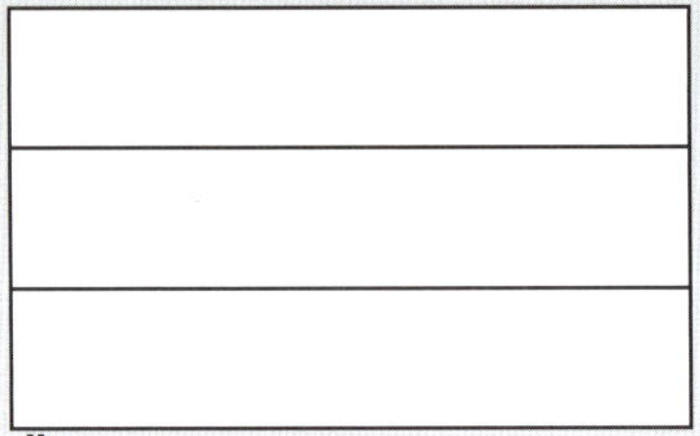

Österreich

- ☐ Male die Flagge oben rot.
- ☐ Male die Flagge unten rot.
- ☐ Lass die Flagge in der Mitte weiß.

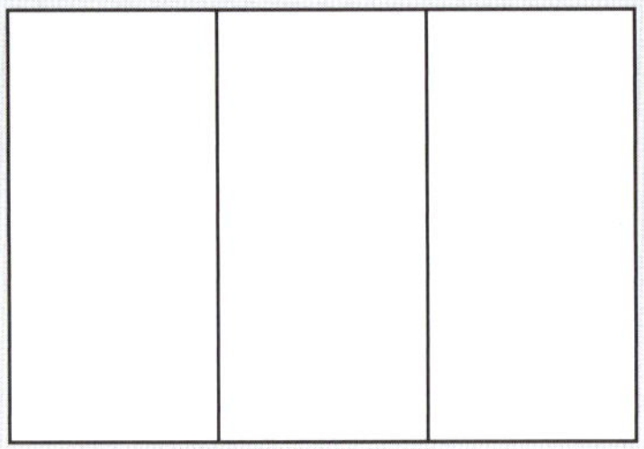

Frankreich

- ☐ Male die Flagge links blau.
- ☐ Lass die Flagge in der Mitte weiß.
- ☐ Male die Flagge rechts rot.

Spanien

- ☐ Male die Flagge oben rot.
- ☐ Male die Flagge unten rot.
- ☐ Male die Flagge in der Mitte gelb.

Lies und male

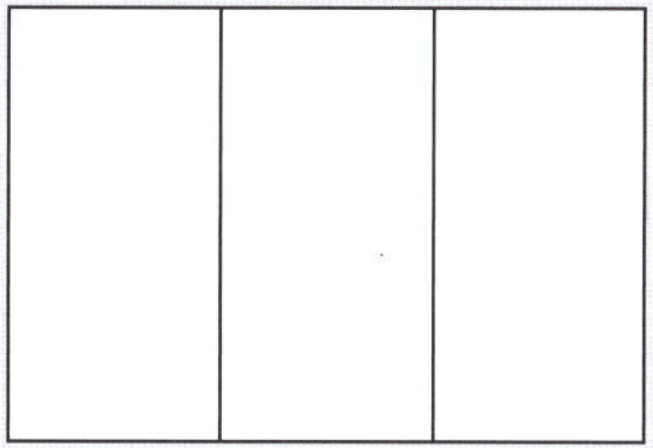

Italien

- ☐ Male die Flagge links grün.
- ☐ Lass die Flagge in der Mitte weiß.
- ☐ Male die Flagge rechts rot.

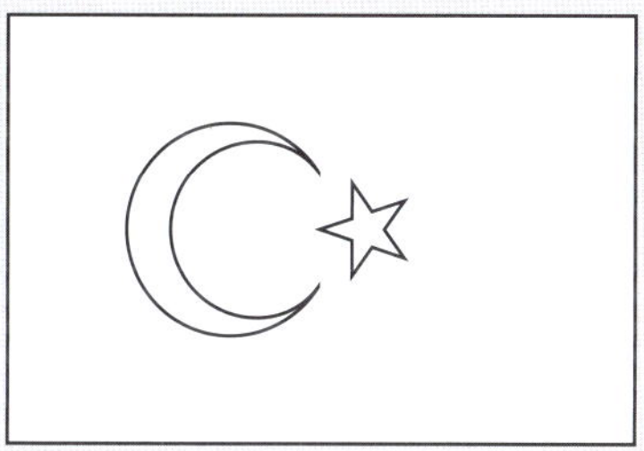

Türkei

- ☐ Lass den Mond weiß.
- ☐ Lass den Stern weiß.
- ☐ Male den Rest der Flagge rot.

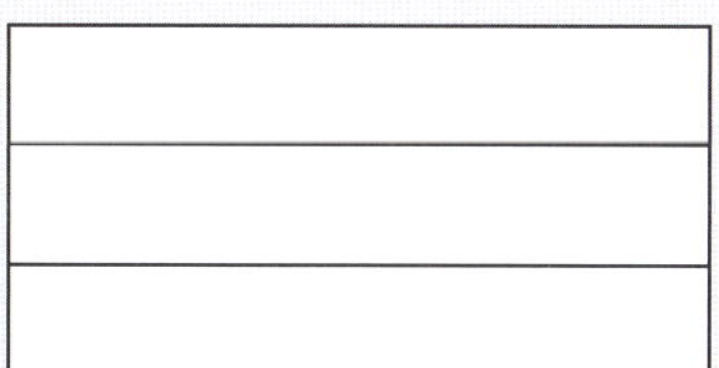

Ungarn

- ☐ Male die Flagge oben rot.
- ☐ Lass die Flagge in der Mitte weiß.
- ☐ Male die Flagge unten grün.

Kreuze an

Der Stier hat

☐ Hörner. ☐ Stifte. ☐ Nadeln.

Eine Nadel ist

☐ laut. ☐ spitz. ☐ lustig.

In der Schultasche sind

☐ Ufos. ☐ Bücher. ☐ Bäume.

Der Hase sitzt im

☐ Kino. ☐ Stall. ☐ Baum.

In der Nacht ist es

☐ hell. ☐ Tag. ☐ dunkel.

Auf die Pizza kommt

☐ Holz. ☐ Käse. ☐ Farbe.

Der Baum hat grüne

☐ Haare. ☐ Ohren. ☐ Blätter.

Die Kuh gibt

☐ Tee. ☐ Limo. ☐ Milch.

Was ist ein Orkan? ☐ ein Turm ☐ ein Sturm ☐ ein Wurm